SPUREN DER HOFFNUNG

SPUREN DER HOFFNUNG

120 ausgewählte RADIUS-Fotos

Mit einem Essay von Peter Härtling

Herausgegeben von Wolfgang Erk und Jo Krummacher im RADIUS-Verlag

NATUR · STEINE · WEGE

Wie jede Blüte welkt und jede Jugend
Dem Alter weicht, blüht jede Lebensstufe,
Blüht jede Weisheit auch und jede Tugend
Zu ihrer Zeit und darf nicht ewig dauern.
Es muß das Herz bei jedem Lebensrufe
Bereit zum Abschied sein und Neubeginne,
Um sich in Tapferkeit und ohne Trauern
In andre, neue Bindungen zu geben.
Und jedem Anfang wohnt ein Zauber inne,
Der uns beschützt und der uns hilft zu leben.

Wir sollen heiter Raum um Raum durchschreiten,
An keinem wie an einer Heimat hängen,
Der Weltgeist will nicht fesseln uns und engen,
Er will uns Stuf' um Stufe heben, weiten.
Kaum sind wir heimisch einem Lebenskreise
Und traulich eingewohnt, so droht Erschlaffen,
Nur wer bereit zu Aufbruch ist und Reise,
Mag lähmender Gewöhnung sich entraffen.
Es wird vielleicht auch noch die Todesstunde
Uns neuen Räumen jung entgegensenden,
Des Lebens Ruf an uns wird niemals enden . . .
Wohlan denn, Herz, nimm Abschied und gesunde!

Hermann Hesse, »Stufen«

Du hast den Weg vor mir frei gemacht.

Psalm 18, 37

Den Einsamen schafft er eine Familie, die Gefangenen führt er in Freiheit und Glück;
doch die Rebellen müssen zwischen kahlen Felsen wohnen.

Psalm 68, 7

Der Herr liebt alle, die ihn ehren, so wie ein Vater seine Kinder liebt. Er weiß, woraus er uns
gemacht hat; er denkt daran: Wir sind nur Staub! Des Menschen Leben gleicht dem Gras, er blüht
wie eine Blume auf der Wiese: Ein heißer Wind kommt – schon ist sie verschwunden, und wo sie
stand, bleibt keine Spur zurück. Doch unvergänglich ist die Güte Gottes.

Psalm 103, 13–17

Der Herr ist bei dir, hält die Hand über dich. Was immer du tust: er wird dich beschützen.

Psalm 121, 5.8

Zur Zeit Noachs schwor ich: Nie mehr soll das Wasser die Erde überfluten! So schwöre ich jetzt:
Nie mehr werde ich zornig auf dich sein und nie mehr dir drohen! Berge mögen von ihrer Stelle
weichen und Hügel wanken, aber meine Liebe zu dir kann durch nichts erschüttert werden, und
meine Friedenszusage wird niemals hinfällig.

Jesaja 54, 9–10

Auf Erden soll alles dir gehorchen; du riefst es ins Dasein durch deinen Befehl,
dein Lebenshauch formte den Bau dieser Welt. Drum kann kein Geschöpf deinem Wort wider-
stehn.

Judith 16, 14

KINDSEIN

ich wurde nicht gefragt
bei meiner zeugung
und die mich zeugten
wurden auch nicht gefragt
bei ihrer zeugung
niemand wurde gefragt
außer dem Einen
und der sagte
ja
ich wurde nicht gefragt
bei meiner geburt
und die mich gebar
wurde auch nicht gefragt
bei ihrer geburt
niemand wurde gefragt
außer dem Einen
und der sagte
ja
Kurt Marti, »geburt«

Deine Macht ist unermeßlich: aus dem Lob unmündiger Kinder und Säuglinge baust du eine Mauer, an der deine Widersacher und Feinde zu Fall kommen.

Psalm 8, 3

Wir sind entkommen wie ein Vogel aus dem Netz des Fängers; das Netz ist zerrissen, und wir sind frei!

Psalm 124, 7

Du hast mich geschaffen mit Leib und Geist, mich zusammengefügt im Schoß meiner Mutter. Dafür danke ich dir, es erfüllt mich mit Ehrfurcht. An mir selber erkenne ich: alle deine Taten sind Wunder! Ich war dir nicht verborgen, als ich im Dunkeln Gestalt annahm, tief unten im Mutterschoß der Erde. Du sahst mich schon fertig, als ich noch ungeformt war.

Psalm 139, 13–16

Da rief Jesus ein Kind herbei, stellte es in ihre Mitte und sagte: Ich versichere euch, wenn ihr euch nicht ändert und den Kindern gleich werdet, dann könnt ihr in Gottes neue Welt überhaupt nicht hineinkommen. Wer so wenig aus sich macht wie dieses Kind, der ist in der neuen Welt Gottes der Größte. Und wer in meinem Namen solch ein Kind aufnimmt, der nimmt mich auf.

Matthäus 18, 2–5

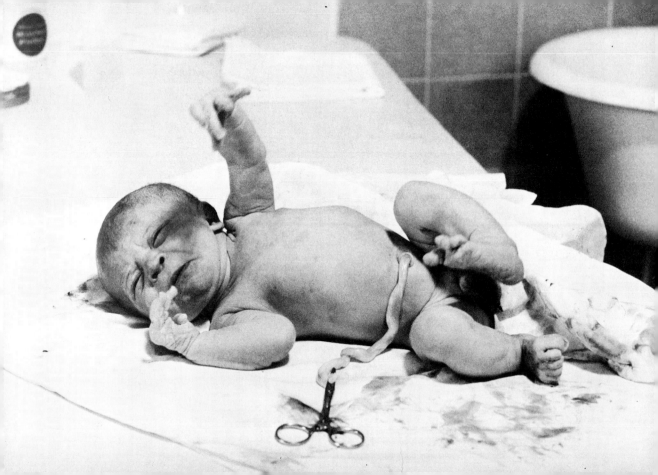

JUGEND

Was ich mir wünsche

Die Unermüdlichkeit der Drossel, da es
dunkelt, den Gesang zu erneuern.
Den Mut des Grases, nach so viel
Wintern zu grünen.
Die Geduld der Spinne, die ihrer Netze
Zerstörung nicht zählt.
Die Kraft im Nacken des Kleibers.
Das unveränderliche Wort der Krähen.
Das Schweigen der Fische gestern.
Den Fleiß der Holzwespen, die Leichtigkeit
ihrer Waben.
Die Unbestechlichkeit des Spiegels.
Die Wachheit der Uhr.
Den Schlaf der Larve im Acker.
Die Lust des Salamanders am Feuer.
Die Härte des Eises, das der Kälte
trotzt, doch schmilzt im Märzlicht der Liebe.
Die Glut des Holzes, wenn es verbrennt.
Die Armut des Winds.
Die Reinheit der Asche, die bleibt.
Rudolf Otto Wiemer, »Was ich mir wünsche«

Wir sind die Generation ohne Bindung und ohne Tiefe. Unsere Tiefe ist der Ab-
grund. Wir sind die Generation ohne Glück, ohne Heimat und ohne Abschied.
Unsere Sonne ist schmal, unsere Liebe grausam und unsere Jugend ist ohne
Jugend.
Und wir sind die Generation ohne Grenze, ohne Hemmung und Behütung –
ausgestoßen aus dem Laufgitter des Kindseins in eine Welt, die die uns bereitet,
die uns darum verachten.
Wolfgang Borchert, »Generation ohne Abschied«

Befreie mich aus dem Gefängnis! Im Kreise derer, die dir die Treue halten, werde ich dir dafür danken, Herr, daß du so gut zu mir gewesen bist.

Psalm 142, 8

Freu dich, junger Mensch! Sei glücklich, solange du noch jung bist! Tu, was dir Spaß macht, wozu deine Augen dich locken! Aber vergiß nicht, daß Gott für alles von dir Rechenschaft fordern wird.

Kohelet 11, 9

Unter Jubel werdet ihr den Weg in die Freiheit antreten, mit sicherem Geleit werdet ihr heimkehren. Berge und Hügel werden in ein Freudengeschrei ausbrechen, wenn sie euch sehen, und die Bäume der Steppe werden in die Hände klatschen.

Jesaja 55, 12

Alle, die dabei waren, staunten über sein Verständnis und seine Antworten.

Lukas 2, 47

Er beschenkt euch so überreich, daß ihr gar nicht alles fassen könnt. Darum gebraucht andern gegenüber ein reichliches Maß; Gott wird bei euch dasselbe Maß verwenden.

Lukas 6

Steh auf, und geh in die Stadt! Dort wirst du erfahren, was du tun sollst.

Apostelgeschichte 9, 6

BERÜHRUNGEN

Wir haben eine Gesellschaft, in der ein jeder Angst hat vor dem anderen.
Nicht vor dem anderen Menschen, sondern davor, daß der andere Mensch anders ist.

Peter Fonda

POLLY: Wo du hingehst, da will ich auch hingehen.
MAC: Und wo du bleibst, da will auch ich sein.
Beide singen:
Und gibt's auch kein Schriftstück vom Standesamt
Und keine Blume auf dem Altar
Und weiß ich auch nicht, woher dein Brautkleid stammt
Und ist keine Myrte im Haar –
Der Teller, von welchem du issest dein Brot
Schau ihn nicht lang an, wirf ihn fort!
Die Liebe dauert oder dauert nicht
An dem oder jenem Ort.

Bertolt Brecht

Heimat braucht jeder Mensch, denn dort findet er eine vertraute Umgebung und
Geborgenheit. Aber Heimat ist nicht nur an Orte oder Länder gebunden.
Heimat sind die Menschen, die uns verstehen und die wir verstehen.

Max Frisch

denn ich will

und wenn ein mann einen mann liebt,
so soll er ihn lieben, wenn er ihn liebt,
denn ich will, daß es alles gibt, was es gibt.

und wenn eine frau eine frau liebt,
so soll sie sie lieben, wenn sie sie liebt,
denn ich will, daß es alles gibt, was es gibt.

und wenn ein hirte sein lamm liebt,
so soll er es lieben, wenn er es liebt,
denn ich will, daß es alles gibt, was es gibt.

und wenn du mich liebst,
so sollst du mich lieben, wenn du mich liebst,
denn ich will, daß es alles gibt, was es gibt.

André Heller

Du trägst den Siegelring an einer Schnur auf deiner Brust. So nimm mich an dein Herz!
Du trägst den Reif um deinen Arm. So eng umfange mich! Unüberwindlich ist der Tod: niemand
entrinnt ihm, keinen gibt er frei. Unüberwindlich – so ist auch die Liebe, und ihre Leidenschaft
brennt wie ein Feuer. Kein Wasser kann die Glut der Liebe löschen.

Hoheslied 8, 6–7

Wer liebt, ist ein Kind Gottes und zeigt, daß er Gott kennt.

1. Johannes 4, 7

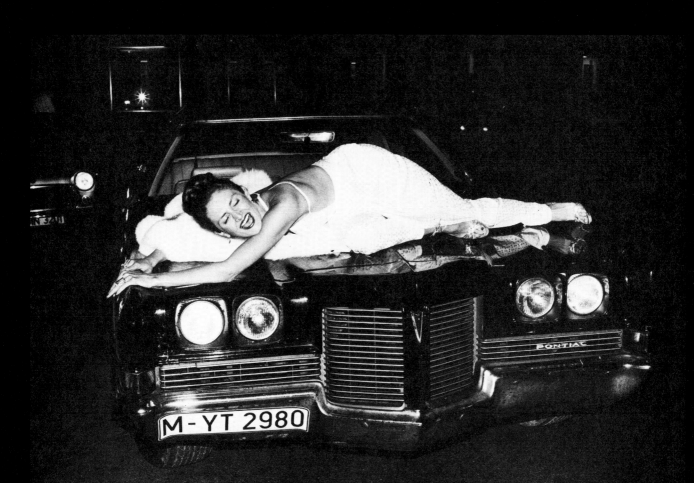

GESTALTEN UND ZERSTÖREN

Nun sind wir geboren worden
und wir müssen ausbaden,
was euer Wahnsinn erschuf;
seelische Krüppel wurden wir,
weil ihr uns keine Zeit gabt,
jung und träumerisch zu sein;
Zukunft verweigert ihr uns,
rationiert ist die Hoffnung,
spärlich verteilt die Wärme;
eure Ideologie des Wachstums
und euer Verfolgungswahn
raubt uns jegliches Asyl;
der Zug rast in die Leere,
und verzweifelt suchen wir
eine Gelegenheit zum Absprung;
mit zwinkernden Augenlidern
wollt ihr uns beruhigen
in euren vollmundigen Ansprachen;
doch wir sehen nur Luftblasen,
die im Nu zerplatzen
– sie gleichen euch haargenau;
denkt nur dreißig Jahre zurück,
als ihr das Licht suchtet
in den Trümmern von Berlin;
ihr konntet euer Leben leben,
eure Kinder wuchsen heran,
ihr wurdet alt und satt;
nun, da wir Leben suchen,
bietet ihr uns neue Trümmer an,
in denen es kein Leben gibt:
Mauern aus eisigem Beton,
von Gift zerfressene Wälder
und strahlenverseuchte Einöden;
unsere Fragen beantwortet ihr
mit Wasserwerfern und Knüppeln,
bevor wir sie stellen können;
wer soll denn Leben weitertragen,
wenn ihr am Abend eures Lebens
den Tod unserer Generation beschließt?
Christian Weyer, »Hinterlassenschaften«

Dankt dem Herrn, denn er ist gut zu uns, seine Liebe hört niemals auf! So sollen alle sprechen, die der Herr befreit hat! Er hat sie aus der Hand ihrer Feinde gerettet und aus fremden Ländern wieder heimgebracht, von Ost und West, von Nord und Süd. Die einen irrten umher in wegloser Wüste, fernab von jeder bewohnten Gegend. Sie wurden gequält von Hunger und Durst und hatten alle Hoffnung aufgegeben. Sie schrien zum Herrn in ihrer Not, der rettete sie aus der Todesangst. Er brachte sie auf den richtigen Weg und ließ sie zu menschlichen Siedlungen finden. Nun sollen sie dem Herrn für seine Güte danken, ihn preisen für ihre wunderbare Rettung!

Psalm 107, 1−8

Wenn du klug bist, dann plagst du dich nicht ab, um reich zu werden. Ehe du dich's versiehst, hat dein Reichtum Flügel bekommen und entschwindet deinen Augen wie ein Adler, der zum Himmel aufsteigt.

Sprichwörter 23, 4−5

Verkehrtheit greift um sich wie ein loderndes Feuer, das Dornen und Disteln verzehrt, das Dickicht des Waldes in Brand setzt und dicke Rauchwolken zum Himmel aufsteigen läßt.

Jesaja 9, 17

Wenn ihr zu mir umkehrt und stillhaltet, dann werdet ihr gerettet. Wenn ihr gelassen abwartet und mir vertraut, dann seid ihr stark.

Jesaja 30, 15

Warum stellt sich mir keiner? Warum antwortet ihr nicht? Ihr denkt, ich sei zu schwach, um euch zu helfen, mein Arm sei zu kurz, um euch zu befreien. Und doch brauche ich nur ein Wort zu sprechen, dann trocknet das Meer aus und die Ströme versiegen, so daß die Fische elend umkommen. Ich kann den Himmel schwarz werden lassen, als trüge er ein Trauerkleid.

Jesaja 50, 2−3

Wir legen den Pferden das Zaumzeug ins Maul, damit sie uns gehorchen; so lenken wir ihren ganzen Körper. Oder denkt an ein Schiff: es ist groß und wird von starken Winden getrieben; trotzdem wird es mit einem winzigen Ruder gesteuert, so wie es der Steuermann will. Ebenso ist es mit der Zunge: sie ist nur klein und bringt doch gewaltige Dinge fertig. Denkt daran, wie klein die Flamme sein kann, die einen großen Wald in Brand setzt!

Jakobus 3, 3−5

Peter Härtling

Zeit der Bilder – Bilder der Zeit

1. Der Augenblick

Es ist die übliche Szene. Der kleine Junge, sonntäglich herausgeputzt, wird von seinem Vater vor den blühenden Strauch postiert (aber es könnte auch der Arion-Brunnen im Dresdner Zwinger sein, die Steinerne Brüstung der Brühlschen Terrasse, das Portal des Brünner Rathauses), blinzelt ins Licht, zieht Grimassen, während der Mann, seine Schritte zählend, sich von ihm entfernt, bei »fünf« anhält, auf dem Absatz kehrt macht, den schwarzen Apparat vors Gesicht hält, den Jungen bittet, zu lächeln und nicht so verkrampft zu stehen, was dazu führt, daß der jeden Muskel spürt und seine Backen aufgeregt zu hüpfen beginnen. Jetzt! ruft der Mann, jetzt!, und der Junge hat das Gefühl, daß sein Gesicht sich von den Knochen ablöse, vor ihm schwebe und von dem glotzenden Apparat verschluckt werde.

Ein paar Tage später kann er sich sehen. Er gefällt sich nicht, mag sich nicht: Wie ein Blöder grinst er mit offenem Mund, und die dünnen Beine sehen aus wie aus den Gelenken gedreht. Die jüngere Schwester lacht. Sie lacht den auf dem Bild aus, und der Vater meint, daß es gelungenere Fotos von ihm gebe.

Dennoch wird das mißratene Bild ins Album geklebt. Es wird ja nicht Kunst, es wird Leben gesammelt. Niemand, der später darin blättert, wird darauf kommen, Perspektiven zu bewundern, die gekonnte Abgrenzung von Licht und Schatten. Er will seinen Erinnerungen Halt geben: Damals ... Weißt du noch ... Als ich ... Als du ... Das weiß ich noch ganz genau. Und diese scheußliche Mütze. Ich erinnere mich noch, wie ich sie weggeworfen und behauptet habe, ich hätte sie irgendwo liegengelassen.

Aber Nostalgie allein kann uns nicht dazu verführen, immer wieder nach den familiären Bilderbüchern zu greifen. Auch Sentimentalität nicht. Es ist mehr. Die Bilder werden zu Gucklöchern in eine Vergangenheit, deren wir nie sicher sind, die wir uns ständig neu erzählen, erklären. Die von unserm Befinden abhängig ist, von unseren Wünschen und Bedrängnissen. Die Bilder »versichern« uns. Mit ihrer

Hilfe wird konkret, was das Gedächtnis undeutlich bewahrte, bekommen Gefühle, Umriß und Gestalt. Zum andern läßt sich erst durch sie Entfernung ermessen, die Distanz zu dem, der man gewesen war. Sie rühren, und sie sind lächerlich zugleich, da ihnen die Zwischenzeit fehlt. Wir springen von Zeitpunkt zu Zeitpunkt und sind nicht imstande, nachzuleben, schaffen es nicht, uns, während wir das alte Spiegelbild für einen Moment erneuern, unseren Roman zu erzählen: das ganze Leben. Es bliebe, wir wissen es, sowieso eine Fiktion. So halten wir uns an die »Augen-Blicke« und täuschen uns mit ihnen, verstehen das Abbild als Inbild. Wir empfinden, durch die Zeit von uns weg und auf uns zu stürzend, einen Zustand nach, den es nie gegeben hat.

Das Kind auf dem Bild kann ich nicht mehr sein. Ich imitiere und fälsche, rede mir ein, was ich gefühlt und gedacht habe, wie es zu diesem Ausschnitt aus meinem Leben kam, versuche eine Kontinuität herzustellen, die es gar nicht gibt. Das Bild widerspricht ihr, hebt die Illusion auf. Mit jedem Atemzug, jedem Augen-Blick treibe ich mich durch die Zeit und verliere ein Stück von mir an die Vergangenheit. Meine Gegenwart währt nicht länger als ein Lidschlag, mißt nicht mehr als ein Schritt. Und meine Zukunft wiederum kann ich mir nur vorstellen als eine beschönigte, korrigierte Projektion meiner Vergangenheit. Das bin ich. Das war ich. War ich der? Wie? Kann ich den Atemzug des Kindes wiederholen? Ich fingiere, was die Kamera schlicht und einfach wahrnahm, was auf dem lichtempfindlichen Film sich abbildete. Und sobald ich das Foto nur als Vorwand nehme, mich zu erfinden, akzeptiere ich es auch als verfestigten Augenblick, ohne Vor- und ohne Nachgeschichte.

Alle diese Überlegungen sind, im genauen Sinn des Wortes, einseitig. Sie handeln von dem Objekt, das nicht aufgeben will, Subjekt zu sein. Von der objektivierten Erscheinung, die sich der subjektiven Annäherung mehr oder weniger entzieht. Mit der Fotografie anderer gehe ich anders um, vor allem fällt es mir – so paradox es scheint – leichter, mich mit ihnen zu identifizieren.

2. Ein Beispiel

Die erste Fotografie, die ich nicht nur als Mitteilung sah, sondern als Bild und Kunstwerk zugleich, als eine Geschichte, in die »der Künstler und sein Modell« einbezogen sind, zeigt einen wandernden Indiojungen, der auf der Flöte spielt. Es ist ein Bild von überwältigender Heiterkeit und Energie. Ein glücklicher und vielleicht darum eigentümlich melancholisch stimmender Augenblick in der Geschichte der Fotografie: Ich erinnere mich, wie mich die konzentrierte Stille dieses Bildes anzog, wie ich immer von neuem das Heft aufschlug, in dem ich es entdeckt hatte und im Anschaun mich so sehr verlor, daß ich glaubte, das Flötenspiel zu hören. Der Junge ist vielleicht auf dem Weg von der Arbeit nach Hause. Der Pfad, auf dem er wandert, ist schmal, liegt hoch über dem Tal, aus dem jenseits in steinigen Terrassen wieder das Gebirge aufsteigt. Nichts lenkt ihn ab. Er ist ganz und gar auf sein Spiel konzentriert. Über die Schulter geworfen trägt er den Poncho gebündelt zu einem Rucksack, und das unförmige Hütchen, das seinen Kopf gegen die hohe Sonne schützt, ist von einem dünnen Stirnband gehalten. Die Kniehosen lassen sehnige Waden frei. Ein Kind, doch so alt wie die Melodien, die es spielt. Unter dem Bild stand erklärend: »Einsamer Flötenspieler bei Cuzco in Peru, 1954« und der Name des Fotografen: Werner Bischof.

Jahre danach fiel mir ein Bändchen mit 48 Fotografien Bischofs in die Hand, und ich las, daß er 1954 mit dem Auto von einer Höhenstraße in den Anden abgestürzt und umgekommen sei.

Der Indiojunge wandert auf der letzten Seite aus dem Buch hinaus, so selbstvergessen und dennoch bei sich wie damals, als er mir zum ersten Mal begegnete. Es könnte, dachte ich mir, eine der letzten Aufnahmen Bischofs gewesen sein. Einer der letzten, ihn erfüllenden und vorantreibenden Augen-Blicke. Dieses Jetzt! Jetzt erkenne ich dich. Jetzt bin ich du. Jetzt nehme ich dich auf, jetzt nehme ich dich mit. Wurde die Szene schon im Sucher fest? Wußte Bischof, wen er da anhielt? Wie dieses Bild später gelesen, verstanden würde? Er hat, wie viele aus seiner Generation, wie Cartier-Bresson etwa, der seine Wahrheitsliebe und seine Poesie rühmte, das Sehen im Elend gelernt, im Krieg. In einer seiner ersten Reportagen für die Zeitschrift »DU« sammelte er Fotos von Flüchtlingen, von Atemlosen, von Menschen, die nichts mehr zu verlieren hatten als ihr Leben. Ihnen blieb er auf der Spur, in den verwüsteten Gegenden Frankreichs, Deutschlands, Hollands, durch die er als Schweizer reisen durfte. Später hielt er sich in Indien auf, in Hongkong, und wieder kommen Hungernde und Hoffnungslose auf ihn zu, wie auch in Indochina. 1954 brach er nach Südamerika auf. Er war achtunddreißig Jahre alt.

Bischof war kein Atelierfotograf wie Richard Avedon, kein Experimentator wie Man Ray. Er reinigte die Ausschnitte nicht von ihrem schmutzigen Rand, meditierte nicht mit künstlichem Licht, trieb die Schönheit nicht auf die Spitze. Er verstand sich als Reporter. Er nahm teil und wollte so anschaulich wie möglich mitteilen. Und doch wirken viele seiner Aufnahmen rätselhaft »rein« und heiter. Selbst dann, wenn sie einen Mann zeigen, der sich in einer englischen Unfallstation ratlos und ängstlich über einen Verunglückten beugt, oder ein zerlumptes Mädchen, das allein zwischen Soldaten auf einem koreanischen Bahnhof auf nichts mehr wartet.

Bischof sieht nicht bloß hin und sammelt eindrucksvolle Bilder ein. Sein Blick verklärt auch nicht. Er läßt den Opfern, den Geschändeten, Getriebenen, Vereinsamten ihre Würde, er traut sie ihnen zu, mehr noch: er gibt sie ihnen in seinem »Augen-Blick« zurück. So wird das Bild nicht nur zum Dokument, sondern auch zur Botschaft.

3. Gemalte und fotografierte Zeit

Wenn ich mir die Stichworte für dieses Thema aufsage – Licht, Zeit, Materie, Objekt, Subjekt, Mensch, Natur –, fallen mir viele Namen ein, eine unendliche Galerie von Bildern. Was unterscheidet den, der Licht in Bildern malt, von einem Lichtbildner? Gewiß nicht die Beziehung zum Sujet. Sie ist beim Fotografen natürlich flüchtiger, doch sie kann ebenso intensiv sein wie beim Maler. Und der Fotograf wählt die Perspektive wie der Maler, sucht den Ausschnitt. Es ist, abgesehen vom Material, vom Handwerklichen, nichts als der Umgang mit der Zeit, der sie in ihrer Kunst unterscheidet. Dies allerdings wesentlich.

Und nun, da es auf die geschichtete, das Bild schichtende Zeit ankommt, denke ich an ein Porträt von Paul Cezanne, der wie kaum ein anderer den scheinbar leblosen Dingen, der Landschaft ihre Zeit zusprach. Cezanne war 46 Jahre alt, schon berühmt und noch umstritten, als ihm 1896 ein junger Lyriker, Joachim Gasquet, schreibend und erklärend beisprang. Er hatte in Aix zwei Bilder Cezannes gesehen, und sie hatten ihn wie eine Erleuchtung getroffen: So, nur so konnte sich das Licht dieser Landschaft in Bildern materialisieren. Gasquets Vater war mit Cezanne in Aix zur Schule gegangen, und er hatte die beiden Ungleichen miteinander bekannt gemacht. Sie wanderten zusammen, diskutierten. Cezanne stärkte sich an dem nachredenden Enthusiasmus Gasquets. Er, an dem die Zweifel rissen, brauchte solche Hilfe. Bald jedoch kühlte das Verhältnis aus, und die Kontakte brachen ab, sie sahen sich kaum mehr.

Das Zeugnis zweier an Gesprächen und gegenseitigem Zuspruch reicher Jahre ist ein Porträt Gasquets. Cezanne malte es 1896 und 1897. Es muß jeden verblüffen, der die Geschichte dieser Freundschaft kennt. Das ist kein junger Mann, der einem entgegenschaut. Es ist ein älterer, offenkundig von Krankheit und Skrupel geplagter Herr. Ein Gezeichneter. Vergleicht man das Porträt mit erhaltenen Fotografien von Gasquet, erschrickt man, weil hier ein Leben zusammengefaßt ist, der Junge und der Alte, der Aufbrechende und der Resignierte. Cezanne hat das Bild nicht vollendet. Vielleicht störte ihn die zunehmende Distanz zu Gasquet, vielleicht spürte er, wie die Arbeit mehr und mehr zur Antwort wurde, Teil eines Gesprächs, das der Jüngere zu führen nicht imstande war.

»Aber kann man eigentlich den Mangel an weiterer Durcharbeitung bedauern?« fragt sich der Kunsthistoriker Kurt Leonhard. »Ist diese Menschendarstellung nicht genau so weit fertiggemalt, wie es für den Gegenstand, das Thema und das künstlerische Problem nötig war? Es wird nicht schwer sein, Argumente für die Bejahung dieser Frage zu finden, und zwar ebenso vom rein malerischen Eindruck her wie aus der biographisch belegten Freundschaftsbeziehung zwischen dem Maler und seinem Modell, dem Charakter des einen und der Psyche des andern.« So ist es. Und hinzu kommt, was mich, fotografisches und gemaltes Porträt vergleichend (nicht gegeneinander ausspielend, was in diesem Fall unmöglich ist), am stärksten bewegt: die schockierende Erfahrung von Zeit. Nicht, daß die Fotografie »zeitlos« wäre. Im Gegenteil: sie heftet sich an einen Zeitpunkt. Aber sie zieht Zeit nicht zusammen. Sie macht eine Sekunde sichtbar. Oft nicht mehr. Das aber kann ungewöhnlich erhellend sein: ein blitzartiges Erkennen. Der Maler hingegen, Cezanne, muß diese Sekunde nicht erwischen, ist nicht auf den günstigsten »Augen-Blick« angewiesen. Die Zeit steht für ihn nicht auf dem Verschluß des Objektivs. Er kann sie schichten, kann ihr, im Sehen, in der Bewegung, auch in der Abstraktion, nachgeben. Er kann ihr, wenn er es sich zutraut, voraus sein. Und er kann sie nacherzählen. Dies alles gelang Cezanne in dem Porträt seines Freundes Gasquet. Und die Fotografie? Die vergleichsweise kurze Geschichte dieses Mediums, das Kunst sein kann, beginnt mit Menschenbildern. Manche von ihnen sind zu Inkunabeln geworden: Ich denke an die Mädchen, die auf den Fotografien Lewis Carrolls von einem ungestillten Eros in Nymphen verwandelt werden oder an das Antlitz Baudelaires, in dem auf der Fotografie Nadars die Trauer den Dämon überwältigt. Hier reicht der Augen-Blick aus, da er sich vorbereitet hat, weiß, was er sehen will und die Modelle wiederum, berührt von ihm, ihm entsprechen. Vermutlich sind diese frühen Bildnisse arrangiert. Gestellt, wie es heißt. Der Fotograf rannte ein paar Mal von der Kamera zum Modell, setzte es in Posen, zupfte an ihm, bat es, stillzuhalten und wartete dann, unterm schwarzen, jedes Licht ausschließenden Tuch, auf die Sekunde, seine Sekunde, sein Bild, lauerte auf den Moment, in dem er (sich) sein Bild von ihm machen konnte.

4. Einige Sätze über den Augen-Blick

Nur kurz öffnet sich das künstliche Auge und nimmt auf, was der Fotograf im Sucher sieht. Ein Bild, das noch keines ist, ein Ausschnitt, der, zum Bild geworden, keiner mehr sein wird. Dieser eine Augen-Blick unterbricht den Fluß jeglicher Bewegung, der Zeit, hält das Leben an. Er kann das, was wir nicht erkennen, weil wir das Ganze betrachten, sichtbar machen, hervorheben: die Einzelheit, den Einzelnen. Es ist ein Augen-Blick, der unseren Blicken nicht mehr gleicht, denn das technische Auge ist gleichmütig, es nimmt auf, nicht »wahr«, kennt keine

Emotionen. Es manipuliert die Zeit, indem vom Fotografen manipuliert wird. Er bestimmt, welcher Bruchteil von Zeit für den Verschluß im Objektiv genügt, um Zeit zu bannen.

Aber in dieser Sekunde geschieht Unwiederholbares. Ein Mensch erschrickt. Ein Gedanke belebt ein Gesicht. Die Angst entstellt es. Entzücken reißt es auf. Während dieses Augenblicks atmet jemand ein oder aus. Es kann die Sekunde des Todes sein wie auf Capas Bild vom Soldaten im spanischen Bürgerkrieg, oder ein Kind öffnet zum ersten Mal die Augen. Ein Blatt fällt vom Baum, in diesem Augenblick –

Ich rede, wie gesagt, von der Unwiederholbarkeit, die nichts mit Einmaligkeit zu tun hat. Ich rede von dem unwiederholbaren, einen Augenblick währenden Kontakt zwischen dem Fotografen und dem Angeschauten, der in diesem Augenblick zum Bild wird. Ich fürchte, es gibt Millionen »blinde« Augenblicke und nur wenige sehende: sie aber sind es, die das Bild dem Zufall entreißen und seine Unwiederholbarkeit bestätigen.

5. Zeit der Bilder

Fotografie, Film und (als deren Vermittler) das Fernsehen, Künste nach den Künsten, lehren uns anders sehen, denken, verstehen. Sie machen es uns leicht, denn sie sind rasch gesehen und rasch vergessen, sie bilden uns weniger als daß sie uns ein Bild machen, und sie rauben uns mehr und mehr die wunderbare Fähigkeit zu abstrahieren. Das Zeitalter der Bilder brach mit dem Beginn unseres Jahrhunderts an, eine Epoche fixer Eindrücke, platter Einsichten und vermeintlicher Weitsicht. Das Fremde und die Ferne werden vertraut, biedern sich, zum Bild geronnen, an. Schwarzseher befürchten sogar, das Bild werde mehr und mehr den Buchstaben, das Buch verdrängen. So weit gehe ich nicht. Ich weigere mich, dem Bild so viel und der menschlichen Phantasie so wenig zuzutrauen. Doch selbst wenn die Bücher widerstehen, werden wir uns unter dem Einfluß der Bilder, diesem Kometenschwarm geronnener Augenblicke, verändern. Es fragt sich, wie. Es fragt sich, ob wir die Bilder lesen lernen.

»Ein Bild ist leichter zu verstehen als das abstrakte Wort und daher für jedermann zugänglich; seine Besonderheit liegt darin, daß es an das Gefühl appelliert; es läßt keine Zeit zum Nachdenken, wie es vergleichsweise bei der Unterhaltung oder der Lektüre eines Buches möglich ist. Die Macht des Bildes liegt in seiner Unmittelbarkeit, und hier liegt auch seine Gefahr.« Gisèle Freund, eine große Fotografin und eine gescheite Essayistin, hat recht, wenn sie darauf hinweist, wie flüchtig oft der Anstoß durch ein Bild ist. Wir glauben zu erkennen, zu erfassen – und durchschauen so gut wie nichts. Das Bild ist schon gemacht, wir brauchen uns keines zu machen. Also ist auch dem Urteil vorgegriffen. Sicher muß uns das Bild zu keinem Vorurteil bewegen, aber es öffnet unsere Vorstellungskraft nicht wie das Wort, es hat keine zweite Dimension. Es schränkt unsere Phantasie ein und legt uns fest. So ist es gewesen, so ist es, der Augen-Schein hat es dokumentiert.

Die Bilder veränderten in den letzten Jahrzehnten unseren Begriff von Wirklichkeit. Was sie uns zeigen, kann nur wirklich sein: Den Reisbauern in China, das Mannequin in New York, das aus dem Napalmfeuer fliehende Kind in Vietnam, die prügelnden Polizisten in Warschau oder Frankfurt, das von Hunger aufgedunsene Kind in der Sahelzone. Lauter Wirklichkeiten. Wirklich gesehen. Wenn auch nur von einem, doch er vertritt in diesem Augenblick uns alle, schaut für uns.

Diese Wirklichkeit hat keine Umgebung und keine Geschichte. Sie ist nicht unbedingt zufällig, aber auf jeden Fall ausgewählt und eingeengt. Es sind Wirklichkeitspartikel, die wir nach Kenntnis, Wissen und Emotion fahrlässig ordnen und dabei meinen, die Wirklichkeit einer Situation, eines Menschen, eines Landes und seiner Geschichte zu erfahren. Und weil die Bilder Wirklichkeit festhalten, sind sie eben auch wahr. Aus diesem Trugschluß reagieren wir, beinahe schon sprachlos, begnügen uns mit Kürzeln, mit einer verkümmerten Authentizität, verzichten auf eigene Anschauung, auf Widerspruch.

Wer sich mit Kindern unterhält, die häufig vor dem Fernseher sitzen und allenfalls noch in Illustrierten und Comics blättern, ist erst einmal über gewisse Kenntnisse verblüfft. Da sprudelt es nur so von ausgefallenen Namen und Begriffen. Bahrein – klar, das hat mit Öl zu tun. Khomeini – ja, das ist der mit dem Bart, in Persien, der dauernd Menschen umbringt. Sie kennen ihn. Sie sehen ihn. Doch fragt man weiter, werden sie unwillig, wenden sich ab. Das Bild genügt als Information. Wozu müssen sie noch wissen, wie Khomeini an die Regierung kam, weshalb und welche Strömungen es im Islam gibt. Klar, er ist ein Mohammedaner.

Die Bilder suchen ihre Unterschriften. Sie dürfen nicht lang sein, sonst werden sie lästig. Und es wird eine Sprache erwartet, die der Wirklichkeit der Bilder entspricht: einfach, knapp, ohne jeden Eigensinn.

Viele Jüngere sprechen sie längst. Sie spielen mit Abbreviaturen, sind wahre Künstler in Kürzeln, treiben den Wörtern ihre Erinnerung aus und erweisen sich, durchaus unbekümmert, als Geschöpfe der Bilderzeit.

6. Bilder der Zeit

Merkwürdig, daß gerade unter dem Ansturm der Bilder eine Bezeichnung in Mißkredit geriet: Vorbild. Kann dieses Wort überhaupt noch einen Sinn haben? Es meinte ja nicht ein Bild unter vielen, sondern das Bild, das man sich von einem Menschen machte, um nach seinem Bild eines von sich und für sich zu finden. Ein Mensch, der einem in seiner Existenz und in seinem Handeln soviel bedeutet, daß man ihm nacheifert, nachleben möchte. Mit dem Bild, von dem die Rede war, hat das nichts mehr gemein: Es ist auf keinem Film zu finden; es »entwickelt« sich im Kopf. Solche Vorbilder – seien es Elvis Presley, Heinrich Böll, Martin Luther King oder Mahatma Gandhi – können als Poster an der Wand hängen, als Bilder. Wirksam aber werden sie erst, wenn sie eine Geschichte haben, die nicht nur nacherzählt, sondern weitererzählt wird. Wenn die anfeuernde und oft störrische Wirklichkeit des Vorbilds aufgeht in die Wirklichkeit dessen, der es für sich wählte. Die Wahl aus Neigung und Nähe ist dabei ausschlaggebend. Das Vor-Bild überrascht oder rührt nicht nur, bleibt nicht dem Augen-Blick verhaftet. Es beginnt zu sprechen und hört damit – wenigstens für einige Zeit – nicht mehr auf.

Ich möchte den Begriff »Vor-Bild« ausweiten. Warum soll er nur für berühmte, mutige, weise oder berüchtigte Menschen gelten? Sobald wir es nämlich verstehen, Bilder zu lesen, uns nicht mehr von ihnen beherrschen lassen, nicht mehr dem »Augen-Blick« verfallen, stoßen wir immer wieder auf Bilder, die uns Zeit und Welt erklären, die Zusammenhänge deutlich machen und – nun erst werden sie zum Vor-Bild – uns aktivieren, uns verändern. Wir müssen allerdings auf sie vorbereitet, offen oder verwundet, zuversichtlich oder auf der Suche oder in der Klemme, sein. Wir müssen sie erwarten wie einen erlösenden, befreienden Satz.

Ich habe in diesem Buch viele solcher Vor-Bilder gefunden, denen ich nachrede, die mit mir reden und die mir erklären, woran ich leide, wofür ich lebe. Ich denke an den Jungen, der in dem langen Korridor unter den Garderobenhaken und neben der Klassentür steht. Vermutlich hat er den Unterricht gestört, und der Lehrer hat ihn hinausgeschickt. Ich teile mit ihm Verlegenheit, Trotz und Alleinsein und bin mit ihm ausgeschlossen. Es wird für ihn und für mich nicht das letzte Mal sein. Ich stehe vor dem Klingelbrett mit ungezählten Namen und suche nach einem, den ich kenne, den ich mit einer Person verbinde und weiß, daß ich ihn, wenn ich auf den Klingelknopf drücke, sichtbar mache, aus der anonymen Menge rufe, ihn nenne. Ich sehe auf die beiden Kinder, die in der Mauerecke eines Hinterhofs hocken, Gefangene der Armut, mit geringen Chancen auf einen Ausbruch und weiß mich selber eingeklemmt zwischen Ohnmacht und Ausrede. Und ich ahne, auf den greisen Priester hinunterblickend, der sich in der Weglosigkeit eines vermeintlich schön gelegten Pflasters verliert, eine Einsamkeit, die den Sätzen den Atem nimmt, den Gedanken den Halt.

Vielleicht, sage ich mir, mit den Bildern umgehend, helfen uns in einer Zeit der Bilder die Bilder der Zeit, jene Schrift zu lesen, die an den Wänden brennt und uns die Wahl läßt zwischen Untergang und Aufbruch.

ISOLATION

Ich beneide sie alle, die vergessen können,
die sich beruhigt schlafen legen und keine Träume haben.
Ich beneide mich selbst um die Augenblicke blinder Zufriedenheit:
erreichtes Urlaubsziel, Nordseebad, Notre Dame,
roter Burgunder im Glas und der Tag des Gehaltsempfangs.
Im Grunde aber meine ich, daß auch das gute Gewissen nicht ausreicht,
und ich zweifle an der Güte des Schlafes, in dem wir uns alle wiegen.
Es gibt kein reines Glück mehr (– gab es das jemals? –),
und ich möchte den einen oder anderen Schläfer aufwecken können
und ihm sagen, es ist gut so.

Fuhrest auch du einmal aus den Armen der Liebe auf,
weil ein Schrei dein Ohr traf, jener Schrei,
den unaufhörlich die Erde ausschreit und den du
für Geräusch des Regens sonst halten magst oder das Rauschen des Winds.
Sieh, was es gibt: Gefängnis und Folterung,
Blindheit und Lähmung, Tod in vieler Gestalt,
den körperlosen Schmerz und die Angst, die das Leben meint.
Die Seufzer aus vielen Mündern sammelt die Erde,
und in den Augen der Menschen, die du liebst, wohnt die Bestürzung.
Alles, was geschieht, geht dich an.
Günter Eich

Fürchte dich nicht, ich befreie dich! Ich habe dich bei deinem Namen gerufen, du gehörst mir.

Jesaja 43, 1

Man wird dich nicht länger »die Verstoßene« nennen oder dein Land »die verlassene Frau«. Nein, du wirst »Gottes Liebling« heißen und dein Land »die glücklich vermählte«! Denn der Herr wendet dir seine Liebe wieder zu und vermählt sich mit deinem Land.

Jesaja 62, 4

Wenn ihr undeutliche Laute von euch gebt, kann keiner verstehen, was ihr sagt. Ihr sprecht dann in den Wind. Es gibt unzählige Sprachen in der Welt; jedes Volk hat seine eigene. Aber wenn ich die Sprache nicht kenne, ist der Mann, der sie spricht, für mich ein Ausländer, und ich bin es für ihn.

1. Korinther 14, 9–11

Christus ist es, der uns allen den Frieden gebracht und Juden und Nichtjuden zu einem einzigen Volk verbunden hat. Durch sein Sterben hat er die Mauer eingerissen, die die beiden trennte und zu Feinden machte.

Epheser 2, 14

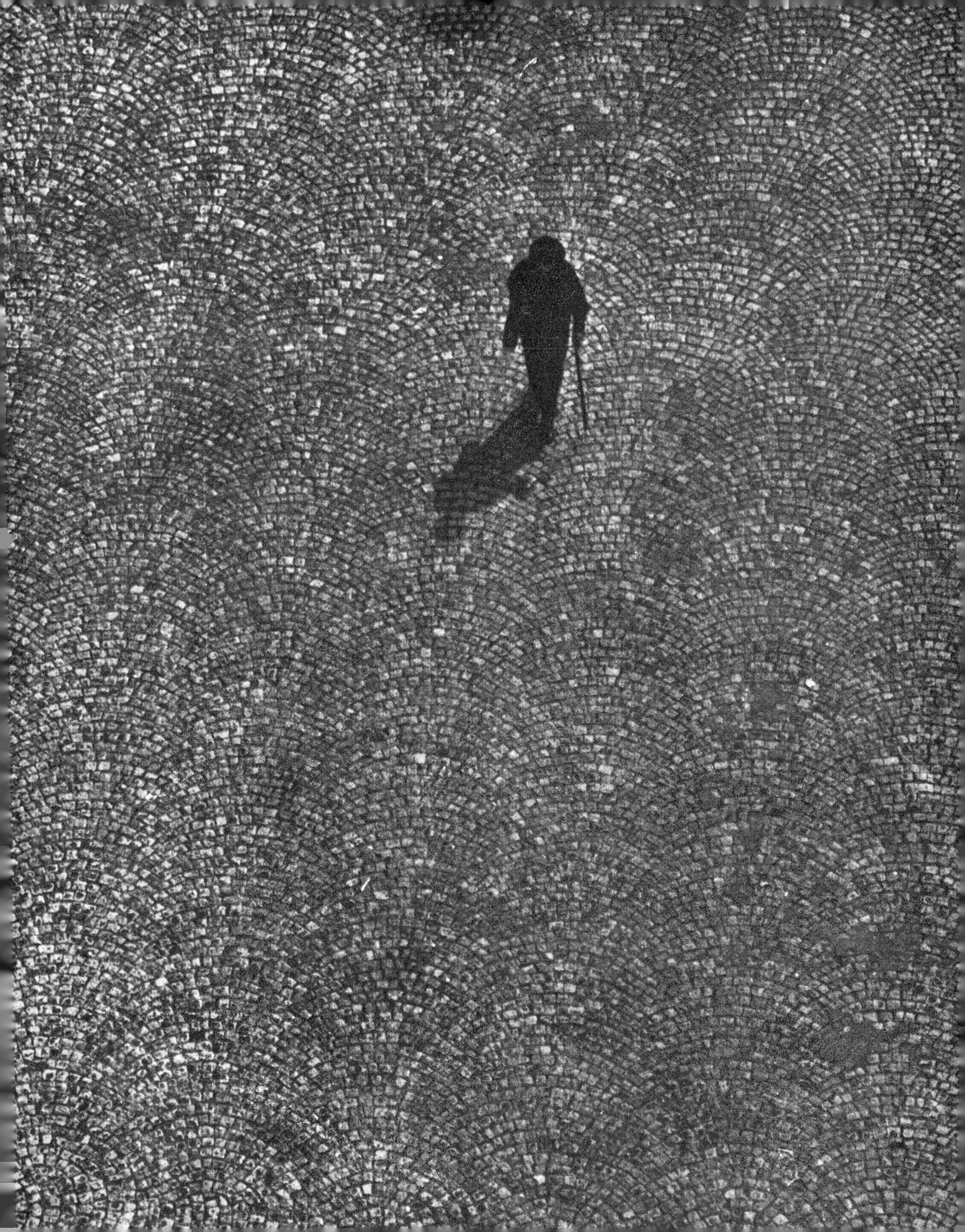

LEIDEN

Ich bitte dich weder um Gesundheit noch um Krankheit, weder um Leben noch um Tod, sondern daß du über meine Gesundheit und über meine Krankheit, über mein Leben und über meinen Tod gebietest zu deiner Ehre, zu meinem Heil und zum Nutzen der Kirche und deiner Heiligen, zu denen ich durch deine Gnade zu gehören hoffe. Du allein weißt, was mir dienlich ist; du bist der alleinige Herr, tu, was du willst. Gib mir, nimm mir, aber bilde meinen Willen nach dem deinen, daß ich in demütiger und vollkommener Unterwerfung und in heiliger Zuversicht mich anschicke, die Gebote deiner ewigen Vorsehung zu empfangen und alles, was mir von dir kommt, immer gleich verehre.

Blaise Pascal

Und doch, Gott, ich komme von dir nicht los! Du hast meine Hand ergriffen und hältst mich; du leitest mich nach deinem Plan und holst mich am Ende in deine Herrlichkeit. Was soll ich mir noch wünschen auf der Erde? Ich habe doch dich! Auch wenn ich Leib und Leben verliere, du, Gott, hältst mich; du bleibst mir für immer!

Psalm 73, 23–26

Er hält alle, die sich nicht halten können, und richtet die Niedergebeugten auf.

Psalm 145, 14

Dann springt der Gelähmte wie ein Hirsch, und der Stumme jubelt vor Freude.

Jesaja 35, 6

Du brauchst nicht mehr als meine Gnade. Je schwächer du bist, desto stärker erweist sich an dir meine Macht.

2. Korinther 12, 9

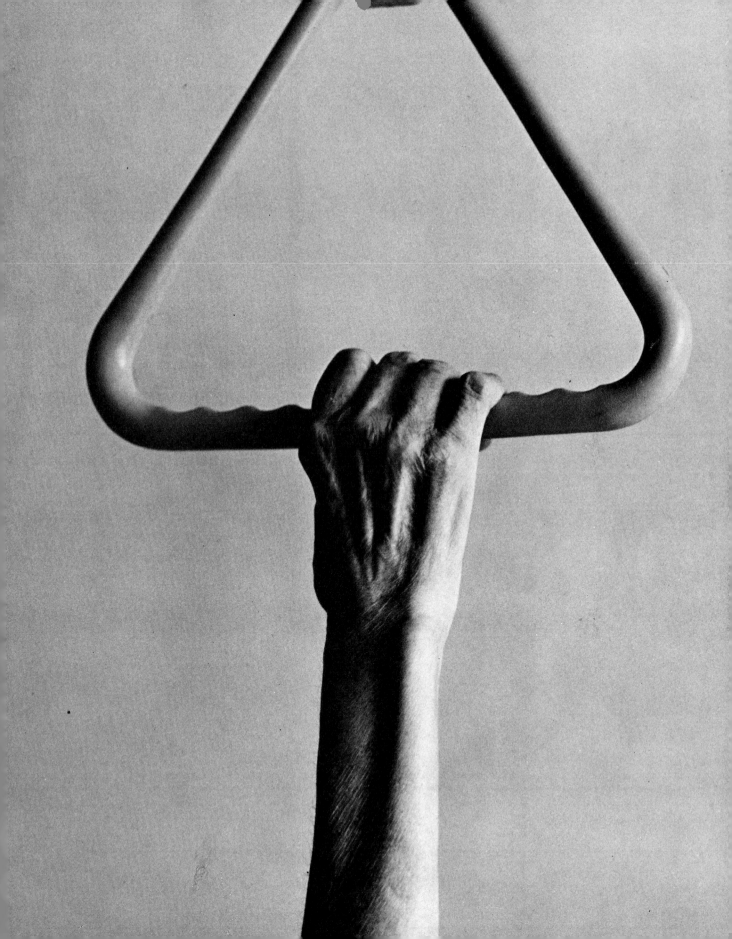

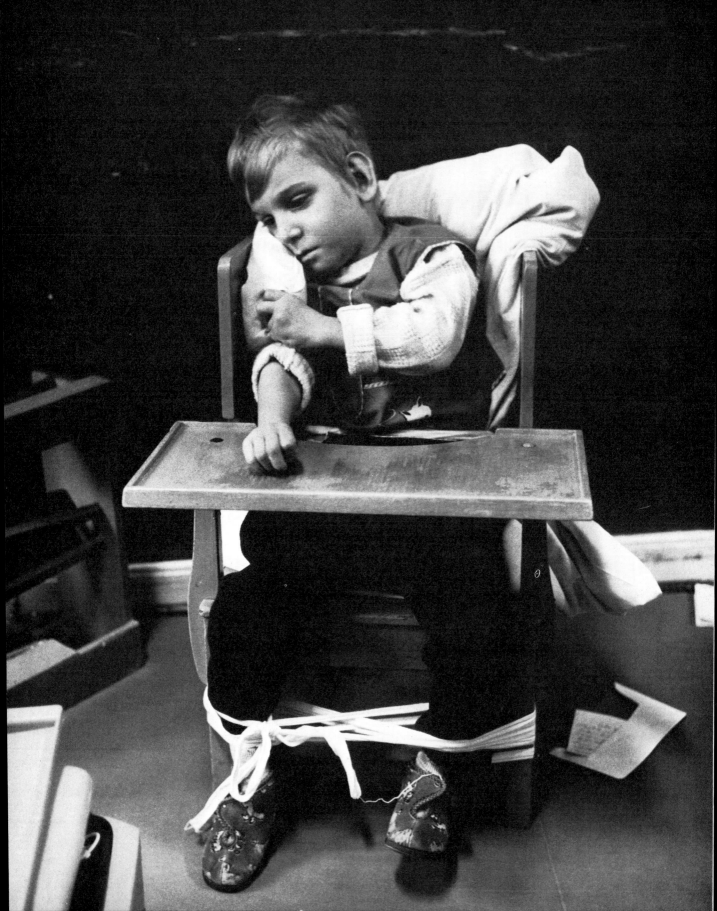

ANDERE WELTEN

Wo immer ich meinem schwarzen Bruder begegne,
stehen wir zusammen unter dem Kreuz.
Das Kreuz des Jesus von Nazareth,
das Kreuz, an dem er für alle gestorben ist.

Die Gemeinde, die unter dem Kreuz steht,
ist schwarz, ist weiß, ist braun, gelb, rot.
Die Tradition, in der mein schwarzer Bruder steht
– in der auch ich stehe, in der wir alle stehen –,
hat schwarze und weiße Ahnen,
schwarze und weiße Kirchenväter,
schwarze und weiße Märtyrer.
Dort, wo wir zusammen Gemeinde sind,
wird unsere Kirche,
wird unser Zeugnis schwarz und weiß,
wie Christus schwarz ist, weiß ist…,
weil er für alle gestorben ist –
und für alle auferstanden ist –
und für alle der lebendige Herr ist.

Wo die Gemeinde nach Hautfarbe und Rasse
unter demselben Kirchengewölbe,
in der gleichen Kirche,
getrennt wird,
dort ist der lebendige Herr nicht gegenwärtig.

Wir müssen Farbe bekennen –
wer ist unser Herr, wo ist unsere Gemeinde?
Wir müssen Farbe bekennen!

Hans Wilhelm Florin, »Farbe bekennen«

Gott hatte den Menschen als sein Ebenbild gemacht; als Mann und Frau hatte er die Menschen geschaffen, hatte sie gesegnet und ihnen den Namen »Menschen« gegeben.

1. Mose 5, 1–2

Wer mit Tränen sät, wird mit Freuden ernten. Weinend gehen sie hinaus und streuen die Saat, jubelnd kommen sie heim und tragen ihre Garben.

Psalm 126, 5–6

An den Flüssen Babylons saßen wir, wir dachten an Zion und weinten. Unsere Lauten hingen dort an den Weiden; wir mochten nicht mehr auf ihnen spielen. Doch die Feinde, die uns unterdrückten, die uns verschleppt hatten aus der Heimat, verlangten von uns auch noch Jubellieder. »Singt uns ein Lied vom Zion!« sagten sie.

Psalm 137, 1–3

Hört her, ihr Menschen in meinem Volk! Ihr kennt meine Treue und tragt meine Gebote in eurem Herzen. Habt keine Angst, wenn man euch verhöhnt; laßt euch nicht einschüchtern, wenn man euch mit Spott überschüttet!

Jesaja 51, 7

Am Kreuz hat Christus alle Feindschaft ein für allemal ausgelöscht.
Diese Friedensbotschaft hat Christus allen verkündet, euch, die ihr fern wart, und ebenso denen, die nahe waren. Ihr Menschen aus den anderen Völkern: seid nicht länger Fremde und Gäste. Ihr gehört mit zum Volk Gottes und seid in Gottes Hausgemeinschaft aufgenommen.

Epheser 2, 16.17.19

ALTER

Vor meinem eignen Tod ist mir nicht bang,
Nur vor dem Tode derer, die mir nah sind.
Wie soll ich leben, wenn sie nicht mehr da sind?

Allein im Nebel tast ich todentlang
Und laß mich willig in das Dunkel treiben.
Das Gehen schmerzt nicht halb so wie das Bleiben.

Der weiß es wohl, dem gleiches widerfuhr;
– Und die es trugen, mögen mir vergeben.
Bedenkt: den eignen Tod, den stirbt man nur.
Doch mit dem Tod der andern muß man leben.

Mascha Kaléko, »Memento«

Du zeigst mir den Weg zum Leben. Deine Nähe erfüllt mich mit Freude; aus deiner Hand kommt ewiges Glück.

Psalm 16, 11

Deine Güte und Liebe umgeben mich an allen kommenden Tagen; in deinem Haus darf ich nun bleiben mein Leben lang.

Psalm 23, 6.

Der Herr wendet die Gefahr von dir ab und bewahrt dein Leben. Was immer du tust: er wird dich beschützen, vom Anfang bis zum Ende, jetzt und in aller Zukunft!

Psalm 121, 7–8

Die Worte weiser Menschen bringen Heilung.

Sprichwörter 12, 18b

Wie ich strömenden Regen über das verdurstende Land ausgieße, so gieße ich meinen Lebensgeist über dich aus, damit du wachsen und gedeihen kannst.

Jesaja 44, 3

Ich habe mich vergeblich abgemüht. Ich habe meine ganze Kraft erschöpft und nichts erreicht. Doch der Herr wird mir zu meinem Recht verhelfen und meine Mühe belohnen.

Jesaja 49, 4

Mein Plan mit euch steht fest: Ich will euer Glück und nicht euer Unglück. Ich habe im Sinn, euch eine Zukunft zu schenken, wie ihr sie erhofft.

Jeremia 29, 11

SPUREN DER HOFFNUNG

Ich benötige keinen Grabstein, aber
Wenn ihr einen für mich benötigt
Wünschte ich, es stünde darauf:
Er hat Vorschläge gemacht. Wir
Haben sie angenommen.
Durch eine solche Inschrift wären
Wir alle geehrt.

Bertolt Brecht, »Ich benötige keinen Grabstein«

Liebe die Verworfenen,
alle die,
die nach Gerechtigkeit dürsten,
und fürchte dich nicht,
von ihnen belästigt zu werden.

Liebe deinen Nächsten,
ganz gleich,
was er glaubt und was er denkt.

Sei niemals einverstanden
mit der Zerrissenheit
der christlichen Kirchen.

Arbeite mit Leidenschaft
für die Einheit des Leibes Christi.

Bleibe niemals auf der Stelle stehen.
Gehe mit den Brüdern.
Lauf auf dein Ziel zu
in den Spuren Christi.

Aus der Regel von Taizé

Dann wird der Wolf beim Lamm zu Gast sein, der Panther neben dem Ziegenböckchen liegen; gemeinsam wachsen Kalb und Löwenjunges auf, ein kleiner Junge kann sie hüten. Die Kuh wird neben dem Bären weiden, und ihre Jungen werden beieinander liegen; der Löwe frißt dann Häcksel wie das Rind. Der Säugling spielt beim Schlupfloch der Schlange, das Kleinkind steckt die Hand in die Höhle der Otter.

Jesaja 11, 5 – 8

Ich gebe euch ein neues Herz und einen neuen Geist. Ich nehme das versteinerte Herz aus eurer Brust und schenke euch ein Herz, das fühlt. Ich erfülle euch mit meinem Geist und mache aus euch Menschen, die nach meinem Willen leben, die auf meine Gebote achten und sie befolgen.

Ezechiel 36, 26 – 27

Alle Geschöpfe warten sehnsüchtig darauf, daß Gott seine Kinder vor aller Welt mit Herrlichkeit ausstattet. Er hat ja die ganze Schöpfung der Vergänglichkeit preisgegeben, nicht weil sie selbst schuldig geworden war, sondern weil er sie in das Strafgericht über den Menschen miteinbezogen hat. Er hat aber seinen Geschöpfen die Hoffnung gegeben, daß sie eines Tages vom Fluch der Vergänglichkeit erlöst werden. Sie sollen dann nicht mehr Sklaven des Todes sein, sondern am befreiten Leben der Kinder Gottes teilhaben.

Römer 8, 19 – 22

Gott ist Liebe. Wer in der Liebe lebt, der lebt in Gott, und Gott lebt in ihm.

1. Johannes 4, 16 b

Die Fotografen und Foto-Agenturen
mit Seitenhinweisen

Autor und Herausgeber:

Peter Härtling wurde 1933 in Chemnitz (Sachsen) geboren. 1952 Volontär, später Redakteur – u. a. bei der »Deutschen Zeitung« und bei der Zeitschrift »Der Monat«, ab 1963 als Mitherausgeber bis 1970. 1967 Cheflektor des S. Fischer Verlages in Frankfurt am Main, von 1968 bis 1973 Sprecher der Geschäftsleitung. Seit 1974 freier Schriftsteller (in Mörfelden-Walldorf).

Wolfgang Erk wurde 1943 geboren. Redaktionsvolontariat, Verlagsvolontär bei Friedrich Wittig in Hamburg. Lektor. Stellvertretender Leiter der Ev. Pressestelle für Weltmission in Hamburg. Beauftragter für Publizistik bei der Ev. Kirche von Kurhessen-Waldeck. Seit 1978 Verlagsleiter der RADIUS-Verlag GmbH in Stuttgart.

Jo(hann-Henrich) Krummacher wurde 1946 geboren, studierte Theologie und Volkswirtschaft. Pfarrer in Kornwestheim und Beistand für Kriegsdienstverweigerer. Initiator der »Schalomgottesdienste«. Mitglied der Württembergischen Evangelischen Landessynode.

Mit freundlicher Genehmigung der Verlage resp. der Rechts-
inhaber wurden folgende Beiträge übernommen, deren Quel-
len hier aufgeführt sind:

Hermann Hesse, »Stufen«, in: Gesammelte Werke in zwölf
Bänden, Band 1. Suhrkamp Verlag, Frankfurt am Main 1970

Kurt Marti, »geburt«, in: »geduld und revolte. die gedichte
am rand«, © RADIUS-Verlag, Stuttgart 1984

Rudolf Otto Wiemer, »Was ich mir wünsche« in: »Ernstfall«.
© J. F. Steinkopf Verlag, Stuttgart, 2. Auflage 1973.

Wolfgang Borchert, »Wir sind die Generation ohne Bindung . . .«, in: »Das Gesamtwerk«, © 1949 by Rowohlt Verlag, Hamburg

André Heller, »denn ich will«, in: »Sie nennen mich den Mes-
serwerfer. Lieder, Worte, Bilder«. © Fischer-Taschenbuch
Verlag, Frankfurt am Main 1974

Günter Eich, »Ich beneide sie alle« in: »Träume«, Bibliothek
Suhrkamp, © Suhrkamp-Verlag, Frankfurt am Main.

Hans-Wilhelm Florin, »Wir müssen Farbe bekennen«, zuerst
veröffentlicht in den »Materialien zum Thema Weltmission«
Hamburg 1973. © RADIUS-Verlag Stuttgart.

Mascha Kaléko, »Memento«, in: »An den Wind geschrieben«, © Agora-Verlag, Darmstadt 1960

Bertolt Brecht, Zitat Polly und Mac aus »Die Dreigroschen-
oper« nach der gleichnamigen rororo-Taschenbuch-Ausgabe.
Zitat »Ich benötige keinen Grabstein. . .« nach dem Bertolt-
Brecht-Buch. © 1955 Suhrkamp Verlag, Frankfurt am Main.

Max Frisch, »Heimat« ist zitiert nach der Werkausgabe des
Autors. © Suhrkamp-Verlag, Frankfurt am Main.

Die Bibeltexte wurden entnommen aus »die Gute Nachricht
des Alten und Neuen Testaments – Die Bibel in heutigem
Deutsch«, 2. durchgesehene Auflage 1982, Deutsche Bibelge-
sellschaft Stuttgart.

Der Beitrag von Christian Weyer war bisher unveröffentlicht. –
Der Essay von Peter Härtling wurde eigens für diesen Band
geschrieben. Copyright © RADIUS-Verlag Stuttgart 1984.

RADIUS-Themen 1955 bis 1984

1955 – 1: Ikonographie des Weihnachtsbildes

1956 – 1: Auf der Suche nach neuen ethischen Maßstäben. 2: Der Christ und der Beruf. 3: Stichwort Askese. 4: Über das Wunder.

1957 – 1: Der schwierige Übergang. 2: Der Christ in der Welt. 3: Träume und Ideale. 4: Ja zum Leiden?

1958 – 1: Non-Konformismus und Widerstand. 2: Am Kreuz der Wirklichkeit. 3: Die bequemen Alternativen und der politische Realismus. 4: Schauplatz des Lebens.

1959 – 1: »Anweisungen« zum Leben. 2: Säkularisierung als christliches Ereignis? 3: Chiffre der Wirklichkeit. 4: Wo stehen wir heute in der Geschichte?

1960 – 1: Weichenstellungen evangelischer Theologie. 2: Wie wird man gebildet? 3: Rivalität der Hoffnungen. 4: Fronten innerhalb der Christenheit.

1961 – 1: Theologische Fragen der Gegenwart. 2: Ist die Schöpfungsgeschichte der Bibel noch aktuell? 3: Das Ende des Wirtschaftswunders. 4: Die Zehn Gebote heute.

1962 – 1: Die unsichere Weltlage. 2: Europa und die Völker der Welt. 3: Die Schatten unserer deutschen Vergangenheit. 4: Problematische Wissenschaft.

1963 – 1: Freiheit in der modernen Gesellschaft. 2: Christliches Theater? 3: Der Pluralismus und die wahre Toleranz. 4: Die Liebe.

1964 – 1: Wahrheit und Irrtum des Atheismus. 2: Die Frage nach dem Gewissen. 3: Weltpolitische Perspektiven der Zukunft. 4: Bildung – zwischen den Extremen.

1965 – 1: Der Katholizismus heute. 2: Die Christen und die Politik. 3: Ja zur Technik?! 4: Öffentliche Moral und private Moral.

1966 – 1: Positionen der Christologie in der Gegenwart. 2: Was macht uns heute krank? 3: Sind wir auf dem Weg zur Diktatur? 4: Hat die Frau ein spezifisches Wesen?

1967 – 1: Wie lernt man heute glauben? 2: Was fordert der Friede zuerst? 3: Herausforderungen unseres Problembewußtseins. 4: Gesellschaft im Wandel.

1968 – 1: Kunst der Gegenwart. 2: Die Unruhe in der Gesellschaft. 3: Kirche zwischen Trend und Tradition. 4: Auf dem Wege zur Freizeitgesellschaft.

1969 – 1: Die Aktualität der Bergpredigt. 2: Was steht zur Wahl? 3: Parteienbildung in der Kirche. 4: Zwischenbilanz der Protestbewegung.

1970 – 1: Probleme und Chancen der Entwicklungshilfe. 2: Der Mensch als Person. 3: Bildung heute – Bildung morgen. 4: Wozu eigentlich noch Kirche?

1971 – 1: Recht. 2: Was wäre gutes, sinnvolles Leben? 3: Vermutungen über die Zukunft. 4: Die Stellung der Kirche in der Gesellschaft.

1972 – 1: Wirtschaftspolitische Perspektiven. 2: Woran können sich unsere Kinder orientieren? 3: Polarisierung als Schicksal? 4: Gibt es wirklich Schuld?

1973 – 1: Krise des Mannes. 2: Bedingungen des Friedens. 3: Der Mensch und die Natur. 4: Die Aktualität Jesu.

1974 – 1: Hoffnung auf den Sozialismus? 2: Selbstverwirklichung – wie macht man das? 3: Kommt der große Kollaps? 4: Kann man heute noch ehrlich verkündigen?

1975 – 1: Was kann man heute noch wollen? 2: Die Wurzeln der Angst. 3: Verfall der ethischen Normen? 4: Der Grund der Liebe.

1976 – 1: Verteilungskampf oder konkrete Solidarität? 2: Religion – Orientierung im Leben? 3: Eine andere Art zu leben? 4: Depressivität und Freude.

1977 – 1: Gibt es Wege aus der Wirtschaftskrise? 2: Einer trage des anderen Last. 3: Welche Ziele der Bildungspolitik sind heute zeitgemäß? 4: Energie.

1978 – 1: Leiden erfahren, bekämpfen, aushalten. 2: Solidarisch leben – überleben. 3: Die Frage nach den »Grundwerten«. 4: Ethische Alltagskonflikte.

1979 – 1: Bedingungen eines positiven Friedens. 2: Hoffnung und gegenwärtiges Glück. 3: Kunst. 4: Wie weit reicht die Liebe?

1980 – 1: Bestimmt die Wirtschaft unvermeidlich alles? 2: Wie können wir unser Älterwerden bejahen? 3: Was kann Politik erreichen? 4: Ist Protestantismus noch eine Kraft?

1981 – 1: Brauchen wir mehr Heimat? 2: Wieviel Angst macht der Friede? 3: Wie jüdisch sollen die Christen sein? 4: Einfach einsteigen? Einfach aussteigen?

1982 – 1: Welche Schulen für unsere Kinder? 2: Gibt uns Afrika (noch) eine Chance? 3: Krankheit ohne Deutung? Medizin in der Krise? 4: Unfähig zur Ökumene?

1983 – 1: Wieviel Arbeit braucht der Mensch? 2: Umkehr ist Leben. 3: Wie stehe ich zum Tod? 4: Wissenschaft – Magd des Krieges?

1984 – 1: Recht durch Rechtsbruch? 2: Brauch und Mißbrauch von Eliten. 3: Alte und neue Mythen. 4: Lesen als Zugang zur Welt?

RADIUS-Autoren 1955 bis 1984 · Eine Auswahl

Rudolf Affemann · Heinrich Albertz · Ulrich Albrecht · Günter Altner · Carl Amery · Hans-Eckehard Bahr · Horst Bannach · Christoph Bartels · Hans-Werner Bartsch · Rainer Barzel Wolf Graf von Baudissin · Jürgen Baumann · Schalom Ben-Chorin · Michael Benckert Gaetano Benedetti · Frank Benseler · Kurt Biedenkopf · Lenelotte von Bothmer · Theodor Bovet · Günter Brakelmann · Tobias Brocher · Ivor Browne · Heinz Brunotte · Dieter Claessens · Warner Conring · Dieter Cycon · Wolfgang Däubler · Wilhelm Dantine · Volkmar Deile · Eva Demski · Hermann Dietzfelbinger · Walter Dirks · Ingeborg Drewitz · Freimut Duve · Fritz Eberhard · Theodor Ebert · Wolfgang Ebert · Ernst Ludwig Ehrlich · Irmela El-Boussairi · Jacques Ellul · Björn Engholm · Erhard Eppler · Sigmund Feigel · Iring Fetscher Ulrich Finckh · Martin Fischer · Ossip K. Flechtheim · Hans Florin · Heinz Flügel · Viktor E. Frankl · Liselotte Funcke · Johan Galtung · Albrecht Goes · Helmut Gollwitzer · Jutta von Graevenitz · Martin Greiffenhagen · Marianne Gronemeyer · Anton-Andreas Guha · Gertrud Gumlich · Hans-Eckhart Gumlich · Harry Haas · Walter Hähnle · Johann Christoph Hampe Götz Harbsmeier · Paulander Hausmann · Robert Havemann · Friedrich Heer · Gerhard Heintze · Gerd Heinz-Mohr · Theodor Hellbrügge · Reinhard Henkys · Ernst Herhaus · Curt Hohoff · Walter J. Hollenweger · Wolfgang Huber · Egemba Igwe · Joachim Illies · Walter Jens Göran Johansson · Robert Jungk · Hellmuth Karasek · Arthur Kaufmann · Rudolf Kautzky Fritzhermann Keienburg · Ernst Klee · Thilo Koch · Traugott Koch · Eugen Kogon · Siegfried von Kortzfleisch · Erwin Krämer · Willy Kramp · Peter Kreyssig · Christian Graf von Krockow · Karl Krolow · Horst Krüger · Klaus Künkel · Pinchas Lapide · Dieter Lattmann Walther Lechler · Klaus Lefringhausen · Marielene Leist · Reinhart Lempp · René

Leudesdorff · Gerhard Liedke · Manfred Linz · Theo Löbsack · Walter von Loewenich · Kurt Lüthi · Milan Machovec · Hans Maier · Werner Maihofer · Golo Mann · Gerhard Marcel Martin · Anke Martiny · Paul Matussek · Gerhard Mentzel · Manfred Mezger · Wolfgang Mischnick · Jürgen Möllemann · Jürgen Moltmann · Tilmann Moser · Erich Müller-Gangloff Josef Müller-Marein · Wolf-Dieter Narr · Oskar Negt · Oswald von Nell-Breuning · Martin Niemöller · Karl Ernst Nipkow · Peter von Oertzen · Paul Oestreicher · Hans Opschoor · Gert Otto · Wolfhart Pannenberg · Georg Picht · Hans Christoph Piper · Harry Pross · Milan Prucha · Hartmut Rahn · Johannes Rau · Mehdi Razvi · Klaus Reblin · Rolf Rendtorff · Trutz Rendtorff · Hans Werner Richter · Ingrid Riedel · Erwin Ringel · Günter Rohrmoser · Kurt Rothschild · Christa Rotzoll · S. J. Samartha · Dieter Sauberzweig · Kurt Scharf · Joachim Scharfenberg · Sepp Schelz · Harald Scherf · Edward Schillebeeckx · Ulrich Schmidhäuser Helmut Schmidt · Waltraut Schmitz-Bunse · Wolfdietrich Schnurre · Luise Schottroff · Paul Schrumpf · Klaus von Schubert · Hans-Jürgen Schultz · Tjien Hing Siem · Helmut Simon Werner Simpfendörfer · Ansgar Skriver · Dorothee Sölle · Kurt Sontheimer · Yorick Spiegel Christa Springe · Eberhard Stammler · Fulbert Steffensky · Karl Steinbuch · Helm Stierlin Martin Stöhr · Johano Strasser · Theodor Strohm · Wolfgang Teichert · Helmut Thielicke Paul Tillich · Jan Tinbergen · Heinz Eduard Tödt · Otto Ullrich · Jan van Veen · Paul Verghese · Fritz Vilmar · Martin Walser · Bärbel von Wartenberg · Ezzelino von Wedel Theodor Weißenborn · Carl-Friedrich von Weizsäcker · Ernst von Weizsäcker · Richard von Weizsäcker · Dieter Wellershoff · Ulrich Wilckens · Wolfgang Wild · Hildegunde Wöller Manfred Wörner · Hans Wulf · Heinz Zahrnt · Werner Zöhl · Josip Zupanov

CIP-Kurztitelaufnahme der Deutschen Bibliothek

Spuren der Hoffnung: 120 ausgew. Radius-Fotos / mit e. Essay
von Peter Härtling. Hrsg. von Wolfgang Erk u. Jo Krummacher. – Stuttgart: Radius-Verlag, 1984.
  ISBN 3-87173-686-4

NE: Härtling, Peter [Mitverf.]; Erk, Wolfgang [Hrsg.]

ISBN 3–87173–686–4
© 1984 by RADIUS-Verlag GmbH Stuttgart
Alle Rechte an den Fotos bei den Fotografen resp. bei den Foto-Agenturen. Alle Rechte an den zitierten Texten bei den im
Quellenvermerk aufgeführten Autoren resp. bei den Verlagen.
Der Essay von Peter Härtling wurde eigens für diesen Band verfaßt (© RADIUS-Verlag GmbH, Stuttgart 1984)
Umschlag (unter Verwendung eines Fotos von Stefan Moses – RADIUS-Heft-Umschlag von Nr. 3/1969): Gerhard Schröder
Gesamtgestaltung: Wolfgang Erk und Dieter Kurzyna
Satz, Druck und Bindung: Clausen & Bosse, Leck
Printed in Germany